AF542606

ORDONNANCE DU ROI,

Concernant le régiment des Gardes-ſuiſſes.

Du 1.er Juin 1763.

DE PAR LE ROI.

SA MAJESTÉ jugeant néceſſaire de donner au régiment de ſes Gardes-ſuiſſes, une conſtitution convenable à l'honneur qu'il a d'être affecté d'une manière particulière à la garde de ſa Perſonne, & de lui régler un traitement qui y réponde; voulant de plus aſſurer aux Citoyens & aux Sujets du Louable Corps Helvétique & des Louables Ligues Griſes, qui auront ſervi dans ce régiment, des récompenſes proportionnées à leurs ſervices & à leur zèle, & renouveler à une Nation, ſon ancienne & fidèle Alliée, les témoignages conſtans de ſa confiance & de ſon amitié, SA MAJESTÉ, après avoir pris l'avis du Louable Corps Helvétique & Ligues Griſes, a ordonné & ordonne ce qui ſuit:

ARTICLE PREMIER.

LE régiment des Gardes-ſuiſſes de Sa Majeſté, lequel,

Ledit régiment composé de seize compagnies entières.

indépendamment de la compagnie Générale, est actuellement composé de six compagnies entières & de dix demi-compagnies, le sera à l'avenir de onze compagnies de Fusiliers entières, & de quatre compagnies de Grenadiers, indépendamment de la compagnie Générale, qui conservera le droit de marcher à la tête dudit régiment & de tous ceux de la même Nation.

I I.

Création de quatre compagnies de Grenadiers.

IL sera à cet effet formé quatre compagnies de Grenadiers, dont la composition sera réglée ci-après.

I I I.

Suppression des demi-compagnies.

LES dix demi-compagnies seront supprimées, incorporées & réunies avec d'autres, sur des ordres particuliers de Sa Majesté, pour n'en composer que des compagnies entières, chacune sous le commandement d'un seul Capitaine.

I V.

Ledit régiment formera quatre bataillons de quatre compagnies chacun.

LA compagnie Générale & les quinze compagnies dont ledit régiment sera composé, formeront quatre bataillons de quatre compagnies chacun, dont une de Grenadiers, de cinquante-six hommes, les Officiers compris, & trois de Fusiliers, de cent soixante-quinze hommes chacune, aussi les Officiers compris.

V.

Suppression des Enseignes, à la réserve de celui de la compagnie Générale.

L'ENSEIGNE qui est dans chaque compagnie, sera supprimé & réformé, à la réserve de celui qui est dans la compagnie Générale, lequel sera conservé.

V I.

Création de Fourriers & d'Appointés. Suppression du grade d'Anspessade.

IL sera établi dans chaque compagnie, deux Fourriers; le grade d'Anspessade y sera supprimé, & il sera créé, pour en tenir lieu, des places d'Appointés, dont les fonctions, ainsi que celles des Fourriers, seront réglées ci-après.

V I I.

Suppression des Trabans, Fraters, &c. dans chaque compagnie.

L'INTENTION de Sa Majesté étant que les compagnies ne soient composées que d'Officiers & de Soldats effectifs & utiles à son service, les places de Trabans,

Secrétaires, Chirurgiens, Fraters, Vivandiers & autres, qui faisoient nombre dans les compagnies, seront supprimées & éteintes.

VIII.

Composition des compagnies de Grenadiers.

CHAQUE compagnie de Grenadiers, sera composée d'un Capitaine, d'un premier & second Lieutenant, d'un Sous-lieutenant, de deux Sergens, d'un Fourrier, quatre Caporaux, quatre Appointés, quarante Grenadiers & d'un Tambour.

Division desdites compagnies par escouades.

Les quatre Caporaux, les quatre Appointés & les quarante Grenadiers seront distribués en quatre escouades de douze hommes chacune, dont un Caporal & un Appointé.

La première & la troisième de ces escouades formeront la première section, à laquelle sera attaché le premier Sergent; la seconde & la quatrième escouade formeront la seconde section, à laquelle sera attaché le second Sergent; la première section sera subordonnée au premier Lieutenant, la seconde au deuxième Lieutenant: ces deux Officiers en rendront tous les jours compte au Capitaine, lequel le rendra aux Officiers supérieurs.

IX.

Remplacement des Grenadiers à mesure qu'il en manquera.

L'INTENTION de Sa Majesté est que les Grenadiers qui viendront à manquer, soient remplacés sur le champ par les compagnies de Fusiliers, chacune à leur tour, en payant par le Capitaine de Grenadiers la somme de cent cinquante livres pour chaque homme qu'il tirera, & remboursant de plus au Capitaine de Fusiliers ce que le Soldat pourroit lui devoir.

X.

Composition des compagnies de Fusiliers.

CHAQUE compagnie de Fusiliers, sera composée d'un Capitaine, deux Lieutenans, deux Sous-lieutenans, six Sergens, deux Fourriers, douze Caporaux, douze Appointés, cent trente-deux Fusiliers & six Tambours.

La compagnie Générale aura de plus un Enseigne, lequel aura rang de Sous-lieutenant, du jour de son brevet d'Enseigne.

Division desdites compagnies par escouades.

Les douze Caporaux, les douze Appointés & les cent trente-deux Fusiliers formeront douze escouades de treize hommes chacune, y compris un Caporal & un Appointé.

La première & la septième escouade formeront une première demi-section, à laquelle sera attaché le premier Sergent.

La seconde & la huitième escouade formeront la seconde demi-section, à laquelle sera attaché le second Sergent.

La troisième & la neuvième escouade formeront la troisième demi-section, à laquelle sera attaché le troisième Sergent.

La quatrième & la dixième escouade formeront la quatrième demi-section, à laquelle sera attaché le quatrième Sergent.

La cinquième & la onzième escouade formeront la cinquième demi-section, à laquelle sera attaché le cinquième Sergent.

La sixième & la douzième escouade formeront la sixième demi-section, à laquelle sera attaché le sixième Sergent.

Les première, troisième & cinquième demi-sections formeront la première section qui sera subordonnée au premier Sous-lieutenant.

La deuxième, la quatrième & la sixième demi-section formeront la deuxième section que commandera le second Sous-lieutenant.

Le premier Sous-lieutenant rendra journellement compte au premier Lieutenant, des détails qui concerneront sa section; le second Sous-lieutenant le rendra au second Lieutenant; ces deux Officiers rendront compte tous les jours au Capitaine, & le Capitaine aux Officiers supérieurs.

X I.

Création de deux Sous-aides-major d'augmentation.

Il sera créé deux places de Sous-aides-major dans ledit régiment, afin qu'il y en ait un par bataillon.

XII.

Il sera établi & créé dans chaque bataillon dudit régiment, deux Porte-drapeaux.

Création de deux Porte-drapeaux par bataillon.

XIII.

L'INTENTION de Sa Majesté étant de régler aux Officiers, ainsi qu'aux Soldats, un traitement fixe & distinct; il sera établi dans ledit régiment un Trésorier qui sera chargé de l'administration des deniers.

Création d'un Trésorier particulier.

XIV.

Il sera établi quatre Chirurgiens à la suite dudit régiment, dont l'un sera chargé des compagnies qui seront établies à Paris, & les trois autres seront chargés des compagnies qui seront logées dans les trois corps de casernes dudit régiment: chacun de ces Chirurgiens aura sous lui deux Garçons.

Création de quatre Chirurgiens.

XV.

Il sera établi dans chaque bataillon, deux Prevôts, qui seront uniquement chargés de la propreté des casernes & des logemens.

Il en sera aussi établi un à la suite de la compagnie Générale.

Établissement de deux Prevôts de propreté par bataillon.

XVI.

Au moyen de ce qui est prescrit par les articles XI, XII, XIII, XIV & XV, l'État-major du régiment sera composé d'un Colonel, un Lieutenant-colonel, un Major, quatre Aides-major, quatre Sous-aides-major, deux Porte-drapeaux par bataillon, un Trésorier, un Maréchal-des-logis, un Aide-maréchal-des-logis, un Grand-juge, un Aumônier, deux autres Aumôniers, un Médecin, un Chirurgien & deux Garçons pour les compagnies qui seront à Paris; trois autres Chirurgiens, & six Garçons pour les compagnies qui seront dans les casernes; d'un premier Sergent, d'un Tambour-major, d'un Auditeur général des bandes Suisses, d'un Secrétaire-interprète, d'un Commissaire des vivres, & de deux Prevôts par bataillon.

Composition de l'État-major du régiment.

XVII.

Création d'un Médecin, à la suite de l'État-major de la compagnie Générale.

IL sera établi & créé à la suite de l'État-major de la compagnie Générale, une place de Médecin.

XVIII.

Établissement de seize Musiciens à la suite de la compagnie Générale.

IL sera aussi attaché à la suite de l'État-major de la compagnie Générale, seize Musiciens, que Sa Majesté a jugé à propos d'y établir; lesdits Musiciens seront toujours affectés à la garde qui servira près de Sa Majesté, & subordonnés à tous les Officiers de la garde, & particulièrement à l'Aide-major de garde, lequel sera chargé de la discipline, police & entretien desdits Musiciens.

XIX.

Composition de l'État-major de la compagnie Générale.

AU moyen de quoi l'État-major de la compagnie Générale des Suisses, sera composé d'un Grand-juge, d'un Aumônier, d'un Secrétaire-interprète, d'un Médecin, d'un Chirurgien-major, d'un Sergent général, d'un Tambour-major, d'un Maréchal-des-logis, d'un Fourrier, de seize Musiciens & d'un Prevôt.

XX.

Le Major chargé des menues réparations.

LE Major sera seul chargé d'ordonner, sous l'autorité du Colonel & du Lieutenant-colonel, les menues réparations, dont il confiera le soin aux Aides-major & Sous-aides-major, qui seront tenus de lui en rendre compte.

XXI.

Fonctions des Aides-major & des Sous-aides-major.

LES Aides-major & les Sous-aides-major continueront de jouir des mêmes prérogatives dont ils jouissent actuellement, & rempliront les mêmes fonctions.

XXII.

Fonctions du Trésorier.

LE Trésorier particulier du régiment, sera spécialement chargé de l'administration des deniers du régiment, & de faire les décomptes aux Officiers, Sergens, Caporaux, Appointés, Grenadiers, Fusiliers & Tambours de chaque compagnie.

XXIII.

Par qui nommé.

CE Trésorier sera présenté par le Colonel, le Lieutenant-colonel & le Major, au Colonel général des Suisses, qui lui ſera expédier le brevet néceſſaire pour remplir ladite place après qu'il l'aura agréé.

XXIV.

Établiſſement d'une Caiſſe.

L'ARGENT de la Solde & de la Maſſe ou de toute autre partie, qui appartiendra audit régiment, ſera remis tous les mois au Tréſorier particulier du régiment, pour être enfermé dans une Caiſſe, dont il aura la régie, ſubordonnément au Major, ſous les ordres du Colonel général des Suiſſes.

XXV.

Trois clefs à ladite Caiſſe, & par qui gardées.

CETTE Caiſſe aura trois ſerrures, dont les trois clefs ſeront entre les mains, l'une du Colonel, & en ſon abſence, du Commandant du régiment; la deuxième entre les mains du Major, & la troiſième entre celles du Tréſorier du régiment.

XXVI.

Par qui les clefs gardées en l'abſence du Colonel & du Major.

EN l'abſence du Colonel, la clef dont il doit être le dépoſitaire, demeurera entre les mains du Lieutenant-colonel; en l'abſence de ce dernier, entre les mains du plus ancien des Capitaines qui ſe trouveront préſens; & en l'abſence du Major, ſa clef demeurera entre les mains d'un Aide-major; de manière que dans tous les cas la Caiſſe ne puiſſe s'ouvrir qu'en préſence de trois perſonnes: Entendant Sa Majeſté que ladite Caiſſe ſoit dépoſée chez le Commandant du régiment.

XXVII.

Adminiſtration de la Caiſſe.

IL y aura toujours dans la Caiſſe du régiment, un état des fonds qui y ſeront mis, & un état de ceux qui en ſeront tirés, avec les cauſes de recette & de dépenſe; ces états ſeront ſignés du Commandant du corps, du Major & du Tréſorier du régiment; il en ſera remis un double au Major, & il en ſera envoyé un tous les mois au Colonel général des Suiſſes.

XXVIII.

Fonctions du Tambour-major.

LE Tambour-major continuera de remplir les mêmes fonctions qu'il remplit actuellement.

XXIX.

Obligations des Chirurgiens.

LES quatre Chirurgiens que Sa Majesté fait établir à la suite dudit régiment, seront tenus, au moyen des appointemens qui leur sont réglés, de traiter les malades dudit régiment & de leur fournir *gratis* tous les médicamens nécessaires; les Garçons feront sous les ordres desdits Chirurgiens les mêmes fonctions que les fraters des compagnies font actuellement.

XXX.

Les compagnies ne seront affectées à aucun canton.

LES compagnies, dont le régiment sera composé, ne seront dorénavant affectées à aucun canton en particulier, mais elles rouleront en général dans toute la Suisse, & seront données lorsqu'elles deviendront vacantes, aux Officiers, soit dudit régiment, soit des autres régimens Suisses & Grisons indistinctement, qui les auront le mieux méritées par leurs services.

XXXI.

Préférence pour les compagnies données aux familles qui en ont levé.

SA MAJESTÉ voulant cependant traiter favorablement les familles, qui lui sont attachées depuis long-temps, & qui ont donné des preuves de leur zèle en levant des compagnies pour ledit régiment; son intention est, lorsque lesdites compagnies viendront à vaquer, de les donner par préférence aux descendans des mêmes familles, s'il s'en trouve à son service, qui aient l'âge & les qualités requises pour les commander.

Qualités requises pour avoir des compagnies.

Déclarant au surplus Sa Majesté, qu'Elle n'accordera dans aucun cas les compagnies, soit celles qui sont censées de famille, soit celles qui ne le sont pas, à des enfans en bas âge, ni même à des Officiers qui n'auront pas plus de sept années de service dans le régiment des Gardes-suisses, ou dix au moins dans les autres régimens Suisses & Grisons.

XXXII.

LES Capitaines qui ne servent point eux-mêmes à la

tête de leurs compagnies ou demi-compagnies, les perdront; & Sa Majesté voudra bien, proportionnément à leur perte, accorder des dédommagemens qu'Elle leur fera payer exactement chaque année, & sans aucune retenue, dans le lieu de leur résidence, soit en Suisse, soit en France.

Les Capitaines qui perdront des compagnies, dédommagés.

XXXIII.

Les dettes que lesdits Capitaines pourroient avoir contractées pour fournitures faites à leurs compagnies, seront acquittées par ceux auxquels Sa Majesté jugera à propos de donner lesdites compagnies; au moyen de quoi lesdits Capitaines ne pourront rien prétendre sur les avances qu'ils auront pu faire aux bas Officiers ou Soldats desdites compagnies.

Arrangement pour les dettes desdites compagnies.

XXXIV.

A l'égard des Capitaines, qui servent en personne à la tête des demi-compagnies qui seront incorporées dans d'autres, Sa Majesté donnera ses ordres pour les faire remplacer, soit aux compagnies entières dont les Capitaines ne serviront point, soit aux compagnies des Grenadiers.

Capitaines qui servent, & qui perdront des compagnies, remplacés.

XXXV.

Aucun Capitaine ne pourra à l'avenir conserver sa compagnie lorsqu'il quittera le service; se réservant Sa Majesté d'accorder aux Capitaines, ainsi qu'aux autres Officiers dudit régiment, qui, par leur âge, leurs blessures ou infirmités se trouveront dans le cas de ne pouvoir continuer de servir, des pensions proportionnées à leur grade, à l'ancienneté & à la distinction de leurs services, lesquelles pensions leur seront payées sans aucune retenue dans le lieu de leur résidence, soit en Suisse, soit en France, s'ils préfèrent d'y demeurer.

Les Capitaines ne conserveront point leurs compagnies en quittant le service.

XXXVI.

Il ne sera plus permis aux Capitaines de mettre à leurs compagnies des Capitaines-commandans, & il n'y en aura à l'avenir que dans les compagnies Générale

Les Capitaines-commandans supprimés, excepté dans les compagnies Générale & Colonelle.

& Colonelle dont les Capitaines font difpenfés par leurs charges de fervir à la tête des compagnies : Voulant cependant bien Sa Majefté que le Capitaine-commandant actuellement, attaché à la compagnie du Lieutenant-colonel y foit confervé ; mais fon intention eft qu'il ne foit point remplacé, lorfque fa place deviendra vacante de quelque manière que ce foit.

XXXVII.

Ordre d'avancement pour les Officiers fubalternes des compagnies de Fufiliers.

L'AVANCEMENT des Officiers dans les grades fubalternes des compagnies de Fufiliers, fe fera par ancienneté dans tout le régiment, & non par compagnie, fuivant l'ufage actuel ; de manière que lorfqu'il vaquera un emploi de premier Lieutenant dans quelque compagnie que ce foit, il appartiendra de droit au plus ancien des feconds Lieutenans du régiment, pourvu que ce foit un fujet capable & de bonne conduite ; & il en fera ufé de même pour les autres grades.

XXXVIII.

Et des compagnies de Grenadiers.

A l'égard des Officiers fubalternes des compagnies de Grenadiers, ils feront choifis, tant dans le régiment des Gardes-fuiffes, que dans tous les autres régimens Suiffes & Grifons, fans aucun égard à l'ancienneté.

XXXIX.

Seconds Sous-lieutenans préfentés par le Colonel.

LES Capitaines des compagnies de Fufiliers, continueront de propofer au Colonel, & le Colonel au Colonel général les nouveaux fujets deftinés aux emplois de fecond Sous-lieutenant, qui viendront à vaquer dans leur compagnie ; entendant Sa Majefté qu'il ne foit admis auxdits emplois que des fujets nés ou reconnus Suiffes ou des pays alliés de la Suiffe : Enjoignant Sa Majefté au Colonel général d'y tenir la main avec la plus grande exactitude.

XL.

Porte-drapeaux.

LES Porte-drapeaux feront toujours tirés du corps des Sergens du régiment ; ils tiendront rang de Lieutenant dans l'Infanterie, & en cette qualité ils marcheront avant tous les Sergens ; & lorfqu'ils ne feront plus en état de fervir, Sa Majefté voudra bien leur accorder des pensions de retraite qu'Elle leur fera payer, sans retenue, dans le lieu de leur résidence.

XLI.

Choix des Sous-aides-major.

Les deux nouvelles places de Sous-aides-major que Sa Majesté a créées seront données aux Sous-lieutenans du régiment qui seront jugés les plus capables d'en remplir les fonctions, & ils seront proposés par le Colonel au Colonel général des Suisses.

XLII.

Choix des Sergens.

Sa Majesté trouvant convenable au bien de son service, que les places de Sergens, Fourriers & Caporaux ne soient remplies que par des sujets sages, intelligens, sachant lire, & qui aient le talent, en instruisant les Soldats, de s'en faire obéir; Elle a réglé qu'à l'avenir,

Lorsqu'il vaquera une place de Sergent dans une compagnie, les douze plus anciens Sergens s'assembleront chez le Major, pour choisir parmi les Fourriers & les Caporaux de la même compagnie, sans avoir aucun égard à l'ancienneté, les trois sujets qu'ils croiront les plus propres à remplir la place vacante; ils les présenteront au Major & au Capitaine de la compagnie dans laquelle la place de Sergent sera vacante, & sur le rapport de ces deux Officiers, le Commandant du régiment nommera celui des trois sujets proposés qui lui paroîtra mériter la préférence.

XLIII.

Choix des Fourriers.

Lorsqu'il vaquera une place de Fourrier, les douze plus anciens Fourriers s'assembleront chez le Major, pour choisir parmi tous les Caporaux de la compagnie les trois sujets qu'ils croiront les plus propres à remplir la place vacante; ils les présenteront au Major & au Capitaine de la compagnie dans laquelle la place de Fourrier sera vacante, de la même manière qu'il est expliqué dans l'article précédent pour les Sergens.

XLIV.

Choix des Caporaux.

Pareillement lorsqu'il vaquera une place de Caporal, les huit plus anciens Caporaux & les quatre plus anciens Sergens du régiment, s'assembleront chez le Major, pour choisir parmi tous les Appointés & Soldats de la compagnie où il en manquera, trois sujets qu'ils présenteront au Major & au Capitaine de la compagnie dans laquelle la place sera vacante, de la même manière qu'il est expliqué par l'article XLII pour les Sergens.

Les bas Officiers des compagnies de Grenadiers, seront choisis dans tout le régiment, de la manière expliquée ci-dessus.

XLV.

Fonctions des Sergens.

Les Sergens commanderont leurs demi-sections, les maintiendront en bonne discipline & police, & rendront tous les jours compte aux Officiers de tous les détails qui les concernent, ainsi qu'il est prescrit par les articles VIII & X.

XLVI.

Fonctions des Fourriers.

Les Fourriers seront chargés du détail de toutes les subsistances, des distributions, du logement, du campement & de la propreté du quartier & du camp; ils auront rang de derniers Sergens & seront dispensés de monter la garde en campagne & en garnison.

XLVII.

Fonctions des Caporaux.

Les Caporaux veilleront sur la discipline, la police & les exercices de leur escouade, ils en rendront compte au Sergent de leur demi-section, & suppléeront aux Sergens qui pourront manquer.

XLVIII.

Appointés.

A l'égard des places d'Appointés, elles appartiendront toujours de droit aux plus anciens Soldats de chaque compagnie; ils commanderont l'escouade dont ils feront partie, au défaut des Caporaux, qui en seront toujours les chefs.

XLIX.

Il ne pourra être reçu pour bas Officiers & Soldats que des Suisses.

Il ne sera reçu dans ledit régiment pour bas Officiers & Soldats, que des sujets nés & reconnus Suisses, ou des pays alliés de la Suisse; enjoignant Sa Majesté aux Colonel, Lieutenant-colonel & Major d'y tenir exactement la main, à peine d'être responsables, chacun en leur nom, de ce qui pourroit être contraire, à cet égard, aux intentions de Sa Majesté.

Taille requise.

Le Major aura de plus l'attention de ne recevoir pour Soldats que des hommes de la taille de cinq pieds quatre pouces au moins.

L.

Terme des engagemens.

LE terme des engagemens sera fixé à l'avenir, dans toutes les compagnies, à quatre années.

Les Soldats qui monteront aux haute-payes ne seront point tenus de servir trois ans au-delà du terme de leur engagement; l'intention de Sa Majesté étant que le congé absolu soit régulièrement donné chaque année aux Soldats dont l'engagement sera expiré, lorsqu'ils le demanderont.

L I.

Terme de la délivrance des congés.

ENTEND cependant Sa Majesté qu'il ne soit délivré aucun congé absolu depuis le 1.er Avril de chaque année jusqu'au 1.er du mois de Novembre, & que depuis cette époque jusqu'au 1.er Avril, le congé soit expédié sans difficulté à tous les Soldats qui le demanderont, & dont le terme de l'engagement sera expiré, bien entendu qu'ils ne devront rien à personne; ces congés seront signés par le Capitaine, le Colonel, le Lieutenant-colonel & le Major.

L I I.

La retenue des quatre deniers pour livre continuera d'avoir lieu; le produit du quatrième remis à cette Caisse.

LA retenue des quatre deniers pour livre continuera d'avoir lieu sur tout ce qui se payera audit régiment, ainsi que pour toutes les autres Troupes de Sa Majesté, & en conséquence le produit du quatrième denier sera remis à la caisse de cette partie; au moyen de quoi le régiment continuera de participer, lorsque Sa Majesté le jugera à propos, aux gratifications qu'Elle veut bien accorder sur cette Caisse.

L I I I.

Le produit des trois autres servira au payement des pensions d'Invalides.

A l'égard du produit de la retenue des trois deniers pour livre, affectés aux Invalides, il sera employé au payement des pensions que Sa Majesté accordera aux bas Officiers & Soldats dudit régiment, soit Catholiques, soit Protestans, qui par l'ancienneté de leurs services, ou par leurs blessures & infirmités, se trouveront dans le cas de mériter leur retraite à l'hôtel royal des Invalides.

L I V.

Fixation desdites pensions.

SA MAJESTÉ ayant jugé à propos de fixer lesdites pensions sur le pied,

SAVOIR;

De trois cents livres à chaque Sergent estropié au service & hors d'état de le continuer.

Deux cents quarante livres à chaque Sergent qui aura seulement l'ancienneté de service requise pour cette grâce.

Deux cents quarante livres à chaque Fourrier estropié au service & hors d'état de le continuer.

Deux cents livres à ceux qui auront l'ancienneté de service seulement.

Cent quatre-vingts livres à chaque Caporal estropié au service & hors d'état de le continuer.

Cent soixante livres à ceux qui auront seulement l'ancienneté de service.

Cent soixante livres à chaque Appointé estropié au service & hors d'état de le continuer.

Cent cinquante livres à ceux qui auront seulement l'ancienneté de service.

Cent quarante-quatre livres à chaque Soldat estropié au service & hors d'état de le continuer.

Et cent vingt livres à ceux qui auront seulement l'ancienneté de service.

Où & comment seront payées ces pensions.

Elle veut & entend que ces pensions soient payées tous les trois mois auxdits bas Officiers & Soldats, sans aucune retenue, en argent de France, par son Ambassadeur en Suisse, dans le lieu de la résidence de chaque bas Officier & Soldat, sur le certificat de vie en bonne forme du Pensionnaire, après qu'il aura justifié de ses services & de son admission à la pension, par un certificat du Colonel général, qui ſera porté ſur un regître que l'Ambaſſadeur fera former à cet effet.

L V.

Les Invalides auront de plus un habit complet tous les huit ans.

Sa Majesté donnera ſes ordres pour faire délivrer par la même voie tous les huit ans à chaque bas Officier ou Soldat invalide, un habit, veſte & culotte de l'uniforme du régiment.

Veut cependant bien permettre Sa Majeſté, que ceux deſdits bas Officiers & Soldats qui, pour des raiſons particulières, ne pourroient point demeurer chez eux, aient la liberté de choiſir une réſidence dans le royaume, pour y jouir des mêmes avantages.

L V I.

Traitement pour donner moyen aux Invalides de retourner chez eux.

Sa Majesté fera payer aux bas Officiers & aux Soldats, auxquels Elle aura bien voulu accorder la penſion d'invalide, un mois de ſolde pour leur donner moyen de retourner chez eux ou à la réſidence qu'ils auront choiſie; & Elle fera de plus délivrer à ceux qui retourneront en Suiſſe une route qui les conduira par étape juſque ſur les frontières.

L V I I.

Services requis pour les Invalides.

Lorsqu'un Soldat dudit régiment, après avoir obtenu ſon congé abſolu avant le temps preſcrit pour obtenir la penſion d'Invalide, laiſſera écouler plus de quinze jours ſans ſe rengager, ſes ſervices précédens ne lui ſeront point comptés, & il ne les datera, pour mériter les Invalides, que du jour de ſon dernier engagement.

L V I I I.

Appointemens & ſolde en paix & en guerre.

L'intention de Sa Majeſté étant que les appointemens des Officiers, Sergens, Fourriers, Caporaux, Appointés, Grenadiers, Fuſiliers & Tambours, ſoient fixés & diſtincts les uns des autres; & ayant jugé à propos de régler en même temps aux uns & aux autres une paye de paix & une paye de guerre, Elle veut & entend que les appointemens & ſolde ſoient payés audit régiment,

SAVOIR;

	EN TEMPS DE PAIX.			EN TEMPS DE GUERRE.		
	Par jour.	Par mois.	Par an.	Par jour.	Par mois.	Par an.
Compagnies de Grenadiers.						
Au Capitaine, seize livres treize sous quatre deniers en tout temps, ci.	16^l 13^s 4^d	500^l ″^{s} ″^{d}	6000^l	16^l 13^s 4^d	500^l ″^{s} ″^{d}	6000^l
Au premier Lieutenant, six livres treize sous quatre deniers en paix, & dix livres en guerre, ci. .	6. 13. 4	200. ″ ″	2400.	10. ″ ″	300. ″ ″	3600.
Au second Lieutenant, cinq livres onze sous un denier un tiers en paix, & huit livres six sous huit deniers en guerre, ci.	5. 11. 1$\frac{1}{3}$	166. 13. 4	2000.	8. 6. 8	250. ″ ″	3000.
A chaque Sous-lieutenant, cinq livres en paix, & six livres treize sous quatre deniers en guerre, ci.	5. ″ ″	150. ″ ″	1800.	6. 13. 4	200. ″ ″	2400.
Au premier Sergent, une livre douze sous en paix, & une livre seize sous huit deniers en guerre, ci.	1. 12. ″	48. ″ ″	576.	1. 16. 8	55. ″ ″	660.
Au second Sergent, une livre sept sous quatre deniers en paix, & une livre douze sous en guerre, ci.	1. 7. 4	41. ″ ″	492.	1. 12. ″	48. ″ ″	576.
A chaque Fourrier, une livre deux sous en paix, & une livre six sous en guerre, ci.	1. 2. ″	33. ″ ″	396.	1. 6. ″	39. ″ ″	468.
A chaque Caporal, seize sous en paix, & dix-huit sous en guerre, ci.	″ 16. ″	24. ″ ″	288.	″ 18. ″	27. ″ ″	324.
A chaque Appointé, quatorze sous en paix, & seize sous en guerre, ci.	″ 14. ″	21. ″ ″	252.	″ 16. ″	24. ″ ″	288.
A chaque Grenadier ou Tambour, dix sous en paix, & douze sous en guerre, ci.	″ 10. ″	15. ″ ″	180.	″ 12. ″	18. ″ ″	216.
Compagnies de Fusiliers.						
Au Capitaine, seize livres treize sous quatre deniers en paix, & vingt livres en guerre, ci. . . .	16. 13. 4	500. ″ ″	6000.	20. ″ ″	600. ″ ″	7200.
Au premier Lieutenant, six livres treize sous quatre deniers en paix, & huit livres six sous huit deniers en guerre, ci.	6. 13. 4	200. ″ ″	2400.	8. 6. 8.	250. ″ ″	3000.
Au second Lieutenant, cinq livres onze sous un denier un tiers en paix, & sept livres quatre sous cinq deniers un tiers en guerre, ci.	5. 11. 1$\frac{1}{3}$	166. 13. 4	2000.	7. 4. 5$\frac{1}{3}$	216. ″ ″	2600.

	EN TEMPS DE PAIX.			EN TEMPS DE GUERRE.		
	Par jour.	Par mois.	Par an.	Par jour.	Par mois.	Par an.
Au premier Sous-lieutenant, cinq livres en paix, & cinq livres seize sous huit den. en guerre, ci.	5^{l} ″^{s} ″^{d}	150^{l} ″^{s} ″^{d}	1800^{l}	5^{l} 16^{s} 8^{d}	175^{l} ″^{s} ″^{d}	2100^{l}
Au second Sous-lieutenant, quatre livres trois sous quatre deniers en paix, & cinq livres en guerre, ci.	4. 3. 4	125. ″ ″	1500.	5. ″ ″	150. ″ ″	1800.
A l'Enseigne de la compagnie Générale, quatre livres trois sous quatre deniers en paix, & cinq livres en guerre, ci.	4. 3. 4	125. ″ ″	1500.	5. ″ ″	150. ″ ″	1800.
Au premier Sergent, une livre dix sous en paix, & une livre quinze sous en guerre, ci. . . .	1. 10. ″	45. ″ ″	540.	1. 15. ″	52. 10. ″	630.
Au second Sergent, une livre quatre sous en paix, & une livre huit sous en guerre, ci.	1. 4. ″	36. ″ ″	432.	1. 8. ″	42. ″ ″	504.
A chacun des quatre autres Sergens, une livre deux sous en paix, & une livre cinq sous en guerre, ci.	1. 2. ″	33. ″. ″	396.	1. 5. ″	37. 10. ″	450.
A chaque Fourrier, dix-huit sous en paix, & une livre deux sous en guerre, ci.	″ 18. ″	27. ″. ″	324.	1. 2. ″	33. ″ ″	396.
A chaque Caporal, quatorze sous en paix, & seize sous en guerre, ci.	″ 14. ″	21. ″. ″	252.	″ 16. ″	24. ″ ″	288.
A chaque Appointé, douze sous en paix, & quatorze sous en guerre, ci.	″ 12. ″	18. ″. ″	216.	″ 14. ″	21. ″ ″	252.
A chaque Fusilier ou Tambour, neuf sous en paix, & dix sous en guerre, ci.	″ 9. ″	13. 10. ″	162.	″ 10. ″	15. ″ ″	180.
État-major du Régiment.						
Au Colonel, indépendamment de ses appointemens de Capitaine, soixante-une livre deux sous deux den. deux tiers en tout temps, ci.	61. 2. $2\frac{2}{3}$	1833. 6. 8	22000.	61. 2. $2\frac{2}{3}$	1833. 6. 8	22000.
Au Lieutenant-colonel, indépendamment de ses appointemens de Capitaine, vingt-deux livres quatre sous cinq deniers un tiers en paix, & vingt-sept livres quinze sous six den. deux tiers en guerre, ci.	22. 4. $5\frac{1}{3}$	666. 13. 4	8000.	27. 15. $6\frac{2}{3}$	833. 6. 8	10000.
Au Major qui n'aura point de compagnie, vingt-deux livres quatre sous cinq deniers un tiers						

	EN TEMPS DE PAIX.			EN TEMPS DE GUERRE.		
	Par jour.	Par mois.	Par an.	Par jour.	Par mois.	Par an.
en paix, & vingt-sept livres quinze sous six deniers deux tiers en guerre, ci.	$22^{l}\,4^{s}\,5^{d}\frac{1}{3}$	$666^{l}\,13^{s}\,4^{d}$	8000^{l}.	$27^{l}\,15^{s}\,6^{d}\frac{2}{3}$	$833^{l}\,6^{s}\,8^{d}$	10000^{l}
A chacun des quatre Aides-major, dix livres en paix, & onze livres treize sous quatre deniers en guerre, ci.	10. ″ ″	300. ″ ″	3600.	11. 13. 4	350. ″ ″	4200.
A chacun des quatre Sous-aides-major, cinq livres onze sous un denier un tiers en paix, & six livres treize sous quatre deniers en guerre, ci.	5. 11. 1$\frac{1}{3}$	166. 13. 4	2000.	6. 13. 4.	200. ″ ″	2400.
A chaque Porte-drapeau, trois livres en paix, & quatre livres en guerre, ci.	3. ″ ″	90. ″ ″	1080.	4. ″ ″	120. ″ ″	1440.
Au Trésorier, huit livres six sous huit deniers en paix, & onze livres deux sous deux deniers deux tiers en guerre, ci.	8. 6. 8	250. ″ ″	3000.	11. 2. 2$\frac{2}{3}$	333. 6. 8	4000.
Au Maréchal-des-logis, huit livres six sous huit deniers en tout temps, ci.	8. 6. 8	250. ″ ″	3000.	8. 6. 8	250. ″ ″	3000.
A l'Aide-maréchal-des-logis, une livre seize sous un denier un tiers en tout temps, ci. . . .	1. 16. 1$\frac{1}{3}$	54. 3. 4	650.	1. 16. 1$\frac{1}{3}$	54. 3. 4	650.
Au Grand-juge, trois livres six sous huit deniers en tout temps, ci.	3. 6. 8	100. ″ ″	1200.	3. 6. 8	100. ″ ″	1200.
Au premier Aumônier, deux livres deux sous deux deniers deux tiers en tout temps, ci. . .	2. 2. 2$\frac{2}{3}$	63. 6. 8	760.	2. 2. 2$\frac{2}{3}$	63. 6. 8	760.
A chacun des deux autres Aumôniers, une livre treize sous quatre deniers en paix, & deux livres quatre sous cinq deniers un tiers en guerre, ci.	1. 13. 4	50. ″ ″	600.	2. 4. 5$\frac{1}{3}$	66. 13. 4	800.
Au Médecin, trois livres six sous huit den. en tout temps, ci.	3. 6. 8	100. ″ ″	1200.	3. 6. 8	100 ″ ″	1200.
Au Chirurgien qui doit rester à Paris, cinq livres onze sous un denier un tiers en tout temps, ci.	5. 11. 1$\frac{1}{3}$	166. 13. 4	2000.	5. 11. 1$\frac{1}{3}$	166. 13. 4	2000.
A chacun de ses deux Garçons, une livre deux sous deux deniers deux tiers en tout temps, ci. . .	1. 2. 2$\frac{2}{3}$	33. 6. 8	400.	1. 2. 2$\frac{2}{3}$	33. 6. 8	400.
A chacun des trois autres Chirurgiens, quatre livres huit sous dix deniers deux tiers en tout temps, ci.	4. 8. 10$\frac{2}{3}$	133. 6. 8	1600.	4. 8. 10$\frac{2}{3}$	133. 6. 8	1600.

	EN TEMPS DE PAIX.			EN TEMPS DE GUERRE.		
	Par jour.	Par mois.	Par an.	Par jour.	Par mois.	Par an.
A chacun des six Garçons qui leur seront attachés, seize sous huit deniers en tout temps, ci...	″^{l} 16^{s} 8^{d}	25^{l} ″^{s} ″^{d}	300^{l}	″^{l} 16^{s} 8^{d}	25^{l} ″^{s} ″^{d}	300^{l}
Au premier Sergent du régiment, deux livres quatre sous cinq deniers un tiers en paix, & deux livres quinze sous six deniers deux tiers en guerre, ci..	2. 4. 5$\frac{1}{3}$	66. 13. 4	800.	2. 15. 6$\frac{2}{3}$	83. 6. 8.	1000.
Au Tambour-major, deux livres quatre sous cinq deniers un tiers en paix, & deux livres quinze sous six deniers deux tiers en guerre, ci................	2. 4. 5$\frac{1}{3}$	66. 13. 4	800.	2. 15. 6$\frac{2}{3}$	83. 6. 8	1000.
A l'Auditeur général des bandes Suisses, six livres treize sous quatre deniers en tout temps, ci.....	6. 13. 4	200. ″ ″	2400.	6. 13. 4.	200. ″ ″	2400.
Au Secrétaire-interprète, trois livres six sous huit deniers en tout temps, ci................	3. 6. 8	100. ″ ″	1200.	3. 6. 8.	100. ″ ″	1200.
Au Commissaire des vivres, trois livres six sous huit deniers en tout temps, ci..........	3. 6. 8	100. ″ ″	1200.	3. 6. 8.	100. ″ ″	1200.
A chacun des deux Prevôts qui seront attachés à chaque bataillon, neuf sous en paix, & dix sous en guerre, ci.........	″ 9. ″	13. 10. ″	162.	″ 10. ″	15. ″ ″	180.
État-major de la compagnie Générale.						
Au Capitaine, indépendamment de ses appointemens, huit livres six sous huit deniers en tout temps, ci...............	8. 6. 8	250. ″ ″	3000.	8. 6. 8.	250. ″ ″	3000.
Au Grand-juge, trois livres six sous huit deniers en tout temps, ci....................	3. 6. 8	100. ″ ″	1200.	3. 6. 8.	100. ″ ″	1200.
A l'Aumônier, trois livres six sous huit deniers en tout temps, ci....................	3. 6. 8	100. ″ ″	1200.	3. 6. 8.	100. ″ ″	1200.
Au Secrétaire-interprète, trois livres six sous huit deniers en tout temps, ci...............	3. 6. 8	100. ″ ″	1200.	3. 6. 8.	100. ″ ″	1200.
Au Médecin, trois livres six sous huit deniers en tout temps, ci..................	3. 6. 8	100. ″ ″	1200.	3. 6. 8.	100. ″ ″	1200.
Au Chirurgien-major, six livres six sous huit deniers en tout temps, ci..................	6. 6. 8	190. ″ ″	2280.	6. 6. 8.	190. ″ ″	2280.

	EN TEMPS DE PAIX.			EN TEMPS DE GUERRE.		
	Par jour.	Par mois.	Par an.	Par jour.	Par mois.	Par an.
Au Sergent général, deux livres quatre sous cinq deniers un tiers en paix, & deux livres quinze sous six deniers deux tiers en guerre, ci.	$2^l\ 4^s\ 5^d\frac{1}{3}$	$66^l\ 13^s\ 4^d$	800^l	$2^l\ 15^s\ 6^d\frac{2}{3}$	$83^l\ 6^s\ 8^d$	1000^l
Au Tambour-major, une livre treize sous quatre deniers en paix, & deux livres quatre sous cinq deniers un tiers en guerre, ci. .	1. 13. 4	50. 〃 〃	600.	2. 4. 5 $\frac{1}{3}$	66. 13. 4	800.
Au Maréchal-des-logis, trois livres six sous huit deniers en tout temps, ci.	3. 6. 8	100. 〃 〃	1200.	3. 6. 8	100. 〃 〃	1200.
Au Fourrier, trois livres six sous huit deniers en tout temps, ci.	3. 6. 8	100. 〃 〃	1200.	3. 6. 8	100. 〃 〃	1200.
A chacun des seize Musiciens attachés à la suite de ladite compagnie, deux livres dix sous par jour en tout temps, tant pour ses appointemens que pour son logement, ci.	2. 10. 〃	75. 〃 〃	900.	2. 10. 〃	75. 〃 〃	900.
A chacun desdits Musiciens, tant pour son habillement que pour les réparations annuelles de l'habillement, l'entretien des instrumens, & son chauffage au Corps-de-garde, neuf sous trois deniers un neuvième en tout temps, ci.	〃 9. 3 $\frac{1}{9}$	13. 17. 9 $\frac{1}{3}$	166. 13. 4	〃 9. 3 $\frac{1}{9}$	13. 17. 9 $\frac{1}{3}$	166. 13. 4.
Au Prevôt, neuf sous en paix, & dix sous en guerre, ci.	〃 9. 〃	13. 10. 〃	162. 〃 〃	〃 10. 〃	15. 〃 〃	180. 〃 〃

Voulant Sa Majesté que la paye de guerre ne soit donnée qu'à celles des compagnies dudit régiment, qui serviront en campagne, à commencer du jour de leur arrivée à l'Armée, jusqu'à celui de leur départ pour rentrer dans le royaume, & que celles qui demeureront auprès de la personne de Sa Majesté pendant la guerre, ne touchent que la paye de paix.

LIX.

Gratifications attachées aux charges de Capitaines de Grenadiers.

INDÉPENDAMMENT des appointemens réglés par l'article LVIII, à chaque Capitaine de Grenadiers, il sera attaché à leurs charges une gratification de deux mille livres en temps de paix, & de quatre mille livres en temps de guerre; mais ils ne jouiront de cette dernière que lorſqu'ils auront ſervi en campagne.

L X.

Un mois d'appointemens aux Officiers de l'État-major, pour leur logement.

VEUT & entend Sa Majeſté qu'indépendamment des appointemens réglés par mois aux Major, Aides-major & Sous-aides-major dudit régiment, il leur ſoit payé à chacun un mois d'appointemens de plus chaque année, pour leur tenir lieu de logement.

L X I.

Appointemens des Capitaines-commandans.

VEUT & entend Sa Majeſté que les Capitaines auxquels Elle permettra de mettre à leurs compagnies des Capitaines-commandans, ſoient tenus de payer ſur leurs appointemens ces Capitaines-commandans, ſur le pied de trois cents livres par mois en temps de paix, & de trois cents cinquante livres en temps de guerre.

L X I I.

Traitement des Muſiciens.

ENTEND Sa Majeſté que le traitement réglé par l'article LVIII aux Muſiciens, indépendamment de leurs appointemens, reſte dans la Caiſſe du Tréſorier du régiment, au moyen duquel traitement le Colonel général des Suiſſes donnera ſes ordres pour leur faire fournir l'habillement, le chauffage & les inſtrumens dont ils auront beſoin.

L X I I I.

Linge & chauſſure.

SUR la ſolde réglée à chaque Sergent, Fourrier, Caporal, Appointé, Grenadier, Fuſilier & Tambour, il en ſera affecté vingt-quatre deniers par jour en temps de paix, & trente deniers en temps de guerre par chaque premier & ſecond Sergent; vingt deniers en temps de paix, & vingt-quatre deniers en temps de guerre pour chacun des autres Sergens & Fourriers; douze deniers en temps de paix, & ſeize deniers en temps de guerre par chaque Caporal & Appointé; & ſix deniers en temps de paix, & dix deniers en temps de guerre par chaque Grenadier, Tambour & Fuſilier, pour ſubvenir à l'entretien du linge & de la chauſſure deſdits bas Officiers & Soldats.

LXIV.

Masse pour l'habillement & l'entretien du Soldat.

OUTRE la solde ci-dessus réglée pour ledit régiment, il sera établi une Masse de trois sous quatre deniers par homme par jour, laquelle Masse sera payée en tout temps sur le pied complet de chaque compagnie, à tel nombre qu'elle passe à la revue du Commissaire; l'intention de Sa Majesté étant que desdits trois sous quatre deniers il y ait un sou quatre deniers affecté uniquement à l'entretien du Soldat, & que les deux sous restans soient affectés particulièrement à l'habillement, à l'équipement & à l'armement.

LXV.

Masse de l'habillement, administrée par le Colonel général.

CETTE Masse sera remise tous les mois avec la solde au Trésorier particulier du régiment, qui la déposera dans la Caisse; mais Sa Majesté réserve l'administration directe de la Masse de l'habillement au Colonel général des Suisses, lequel au moyen de ladite Masse, donnera ses ordres pour faire habiller, équiper & armer ledit régiment.

LXVI.

Masse de l'entretien, régie par le Major.

LE Major ordonnera seul la dépense à faire de la Masse, de l'entretien du Soldat & des fournitures à lui donner; l'intention de Sa Majesté étant cependant que ces fournitures, consistant en souliers, chemises, &c. soient données tous les trois mois sur les ordres du Major, & qu'il soit envoyé par le Trésorier du régiment un double de cette dépense au Colonel général des Suisses.

LXVII.

Masse des réparations journalières.

A l'égard des réparations journalières qu'il conviendra de faire à l'habillement, équipement & armement, & de ce qui sera nécessaire pour entretenir la propreté des Soldats du régiment; Sa Majesté fera former une Masse de huit livres pour chaque homme par an, en tout temps, laquelle Masse sera payée sur le pied complet & remise tous les mois à la Caisse du régiment, avec la solde & les autres Masses pour être employée auxdites réparations: Entend au surplus Sa Majesté qu'il soit par le Trésorier du régiment envoyé tous les trois mois au Colonel général des Suiſſes, un double, ſigné du Major & de lui, de l'état de recette & de dépenſe de cette Maſſe.

L X V I I I.

Haute-paye donnée aux Tambours.

SUR cette Maſſe, il ſera donné à chaque Tambour un ſupplément de paye de douze deniers par jour, au moyen duquel leſdits Tambours ſeront tenus d'entretenir leurs caiſſes de peaux & de cordages, de les faire repeindre & de ſe fournir de baguettes.

L X I X.

Maſſe des recrues.

IL ſera établi une Maſſe commune pour les recrues dudit régiment, à raiſon de neuf mille ſix cents livres par chaque compagnie de Fuſiliers, laquelle Maſſe ſera remiſe de mois en mois à la Caiſſe du Tréſorier du régiment.

L X X.

Sommes données aux Capitaines des Grenadiers ſur cette Maſſe.

L'INTENTION de Sa Majeſté eſt que le Colonel général des Suiſſes faſſe payer ſur ladite Maſſe, à chaque Capitaine de Grenadiers, la ſomme de quinze cents livres en temps de paix, & celle de deux mille quatre cents livres en temps de guerre, lorſque ſa compagnie marchera en campagne, pour le remplacement des Grenadiers qui manqueront à ſa compagnie, aux conditions portées par l'article IX de la préſente ordonnance.

L X X I.

Sommes données aux Capitaines des Fuſiliers ſur la même Maſſe.

LE Colonel général des Suiſſes fera auſſi payer ſur la même Maſſe, à chaque Capitaine de Fuſiliers, la ſomme de deux cents livres pour chaque homme de recrue Suiſſe qui aura été engagé en Suiſſe, & qui aura la taille & les autres qualités requiſes pour être admis dans ledit régiment; mais ces deux cents livres ne leur ſeront payées que ſur deux certificats, l'un du Commandant de la place où ſera établi le quartier d'aſſemblée du régiment, & l'autre du Colonel & du Major, qui atteſteront la qualité de ces recrues à leur arrivée à Paris.

Celle de ſoixante livres ſeulement pour chaque Suiſſe ou fils de Suiſſe, que le Capitaine aura engagé en France, ſuivant l'état qui en ſera dreſſé par le Major, contenant le nom, le ſignalement, l'âge, le lieu de la naiſſance ou l'origine de chacun desdits Suisses ou fils de Suisse, lequel sera signé & certifié par le Capitaine & le Major.

Et celle de quinze cents livres par an, aussi à chaque Capitaine de Fusiliers, pour les rengagemens qu'il fera dans sa compagnie, & dont il fournira un état signé de lui, au Major, qui le remettra au Colonel général, après l'avoir certifié.

Si un Soldat qui auroit obtenu son congé absolu, venoit ensuite à se rengager, il ne pourra être censé nouvelle recrue & payé comme tel au Capitaine, que lorsqu'il y aura un an & un jour d'intervalle entre son congé absolu & son nouvel engagement: Enjoignant Sa Majesté aux Colonel, Lieutenant-colonel & Major, de tenir la main à l'exacte observation de cet article, à peine d'être responsables, chacun en leur nom, de ce qui pourroit se passer de contraire à cet égard aux intentions de Sa Majesté.

LXXII.

Payes de gratifications payées sur la même Masse.

IL sera de plus payé sur la même Masse & sur les ordres du Colonel général des Suisses, trente payes de gratification de neuf sous chacune à chacun des Capitaines de Fusiliers dudit régiment, dont la compagnie sera composée, à la revue du Commissaire, de cent soixante-sept hommes à cent soixante-quinze, les Officiers compris; & quinze payes seulement à chaque Capitaine de Fusiliers, dont la compagnie ne sera composée que de cent soixante à cent soixante-sept hommes: l'intention de Sa Majesté étant qu'il ne soit donné aucune paye de gratification, les compagnies étant au-dessous dudit nombre de cent soixante hommes.

LXXIII.

Quartier d'assemblée pour les recrues.

IL sera assigné pour ledit régiment, un quartier d'assemblée à Beffort, pour y recevoir les recrues dudit régiment pendant l'année entière; les recrues faites en Suisse seront obligées de s'y rendre; il y sera établi un Officier & quatre Sergens dudit régiment, qui seron tenus de présenter lesdites recrues, à leur arrivée, au Commissaire des guerres nommé pour les examiner.

LXXIV.

Procès-verbal pour constater les recrues.

LEDIT Commissaire des guerres dressera le premier de chaque mois, un procès-verbal, contenant le nom, le signalement, l'âge, le lieu de la naissance de chaque Soldat de recrue qui lui aura été présenté dans le courant du mois précédent, & l'époque de son engagement en Suisse; & il en adressera un double au Colonel général des Suisses, & un autre au Commissaire général des Suisses & Grisons, chargé de la conduite & police du régiment des Gardes-suisses.

LXXV.

Solde desdites recrues.

LA solde sera payée à chaque homme de recrue, à commencer du jour de son arrivée à Beffort & de sa réception par les Officiers dudit régiment, bien entendu qu'ils auront les qualités requises pour entrer dans ledit régiment; l'intention de Sa Majesté étant que s'ils n'y étoient pas propres, la dépense que lesdits hommes de recrue occasionneroient, soit à la charge des Officiers établis au quartier d'assemblée, qui les auroient reçus.

LXXVI.

Comment conduites au régiment.

LORSQU'IL y aura quarante hommes de recrue assemblés à Beffort, avec les qualités requises, conformément à ce qui est prescrit par l'article LXXV, lesdits quarante hommes seront conduits au régiment sur une route pour le logement seulement, devant vivre au moyen de leur solde tout le long de la route: Ils seront conduits par deux Sergens, qui seront alors relevés à Beffort par deux autres Sergens.

LXXVII.

Revues desdites recrues.

LES Officiers, les Sergens & les hommes de recrue recevront leurs appointemens & leur solde à Beffort, sur les revues du Commissaire des guerres, bien entendu que lesdites revues, jointes à celles du régiment, n'excéderont point le complet du régiment; & à cet effet, le Commissaire des guerres de Beffort adressera un double de sa revûe au Commissaire chargé de la conduite & police du régiment.

LXXVIII.

Supplément d'appointemens & solde pour les Officiers & bas Officiers des recrues.

SA MAJESTÉ donnera ses ordres pour faire payer à l'Officier qui résidera à Beffort, la somme de cent livres par mois, à titre de supplément d'appointemens, & six sous par jour de supplément de solde à chaque Sergent détaché à Beffort; se réservant Sa Majesté de faire relever l'Officier & les Sergens lorsqu'Elle le jugera à propos.

LXXIX.

Suppression de tout autre traitement que celui réglé par la présente ordonnance.

AU moyen du traitement réglé par la présente ordonnance, & dont le régiment jouira, à commencer du 1.er juillet prochain, tout autre traitement, de telle espèce qu'il soit, n'aura plus lieu; se réservant Sa Majesté de régler tout ce qui sera fourni audit régiment en pain, viande & fourrage, lorsqu'il servira en campagne, ainsi que l'étape qui lui sera fournie lorsqu'il marchera dans le royaume.

LXXX.

Forme pour la revue du régiment.

LE Commissaire chargé de la conduite & police du régiment des Gardes-suisses, fera à la fin de chaque mois une revue exacte dudit régiment, pour servir au payement de sa subsistance; il dressera des extraits de cette revue, dans laquelle il ne comprendra que les effectifs; il y joindra un état exact du produit du non-complet, & répondra en son propre & privé nom des infidélités & des contraventions qui se pourroient commettre dans ses revues, dont il enverra un double au Secrétaire d'État ayant le département de la guerre, & un autre au Colonel général des Suisses.

LXXXI.

Conservation de tous les priviléges du régiment.

VEUT au surplus Sa Majesté que le régiment des Gardes-suisses continue de jouir de tous les priviléges, prérogatives, franchises & exemptions qui lui ont été accordées précédemment. Mandant Sa Majesté au sieur

Duc de Choiſeul, Colonel général des Suiſſes, de tenir la main à l'exécution de la préſente ordonnance.

MANDE & ordonne Sa Majeſté au ſieur Baron de Zurlauben, Colonel du régiment de ſes Gardes-ſuiſſes, au Commiſſaire général des Suiſſes & Griſons, & à tous autres ſes Officiers qu'il appartiendra, de tenir la main à l'exécution de la préſente, laquelle ſera lûe & publiée à la tête du régiment, à ce qu'aucun n'en prétende cauſe d'ignorance. FAIT à Verſailles le premier juin mil ſept cent ſoixante-trois. *Signé* LOUIS. *Et plus bas*, LE DUC DE CHOISEUL.

ÉTIENNE-FRANÇOIS DE CHOISEUL, Duc de STAINVILLE, Pair de France, Chevalier des Ordres du Roi & de la Toiſon d'or, Lieutenant général des Armées du Roi, Colonel général des Suiſſes & Griſons, Gouverneur & Lieutenant général de la province de Touraine, Gouverneur & grand Bailli du pays de Voſges & de Mirecourt, Miniſtre & Secrétaire d'État ayant les départemens de la Guerre & de la Marine, & la correſpondance avec les Cours d'Eſpagne & de Portugal, Grand-maître & Surintendant des Courriers, Poſtes & relais de France.

VU par nous l'ordonnance du Roi, donnée à Verſailles le premier juin 1763, ſignée Louis, & plus bas, le Duc de Choiſeul, & à nous adreſſée, pour tenir la main à ſon exécution; par laquelle Sa Majeſté, pour les causes y contenues, auroit jugé à propos de régler une nouvelle composition & un nouveau traitement au régiment de ses Gardes-suisses:

NOUS, en vertu du pouvoir à nous accordé par Sa Majesté, à cause de notredite charge de Colonel général des Suisses & Grisons; Mandons au sieur Baron de Zurlauben, Colonel dudit régiment, & à tous autres qu'il appartiendra, de se conformer à ladite ordonnance: En témoin de quoi nous avons fait expédier la présente, que nous avons signée de notre main, fait sceller du sceau de nos armes, & contre-signer par le Secrétaire général des Suisses & Grisons. A Versailles le deux juin mil sept cent soixante-trois. *Signé* LE DUC DE CHOISEUL. *Et plus bas*, par Monseigneur, THIBAULT DUBOIS.

A PARIS,
DE L'IMPRIMERIE ROYALE.

M. DCCLXIV.

www.ingramcontent.com/pod-product-compliance
Lightning Source LLC
LaVergne TN
LVHW010013230826
846092LV00002B/784